L'INSTRUMENT DE SALUT

NOUVELLE ORGANISATION

ÉLECTORALE ET REPRÉSENTATIVE

AYANT POUR BASE FONDAMENTALE

L'UNITÉ, LA LIBERTÉ, LA FRATERNITÉ

PAR UN ÉLECTEUR

PARIS
IMPRIMERIE NOUVELLE (ASSOCIATION OUVRIÈRE)
14, RUE DES JEUNEURS, 14

1876

AVIS

La reproduction des pages suivantes, ayant pour objet le relèvement de la France par LA RÉFORME ÉLECTORALE ET REPRÉSENTATIVE, est autorisée, sans restriction, dans les journaux et les divers organes de l'opinion publique, afin de répandre cet instrument de progrès et de salut entre les mains de tous les électeurs.

Dans ce travail, livré à la publicité, l'auteur ne réserve, pour lui-même, que la satisfaction d'avoir accompli une œuvre d'intérêt public.

Paris, le 25 décembre 1875.

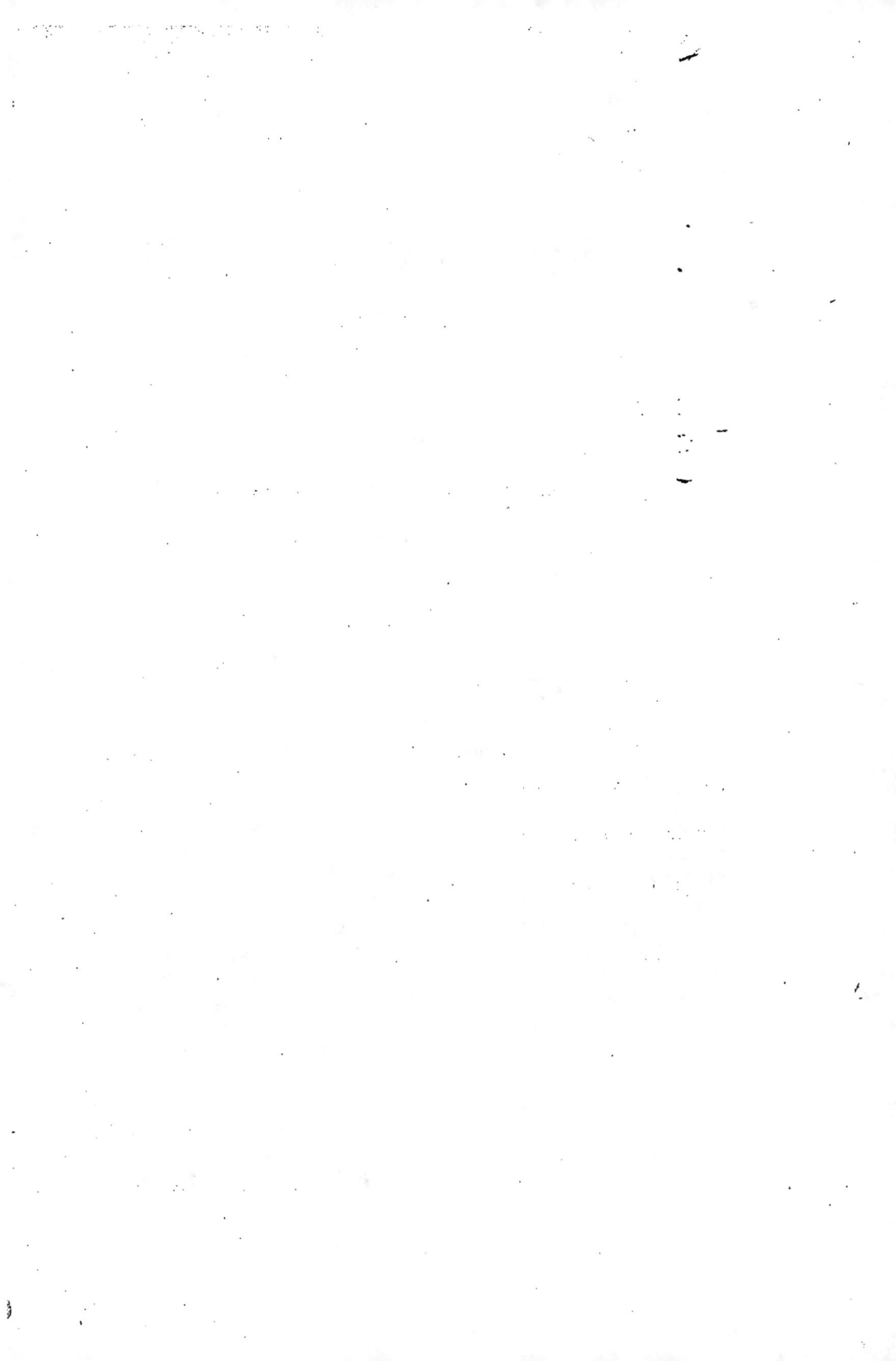

L'INSTRUMENT DE SALUT

MIS A LA PORTÉE DE TOUS LES PEUPLES

NOUVELLE ORGANISATION ÉLECTORALE & REPRÉSENTATIVE

AYANT POUR BASE FONDAMENTALE

L'UNITÉ, LA LIBERTÉ, LA FRATERNITÉ

Suppression de l'Esclavage politique par la Réforme électorale et représentative.

Qu'un État s'appelle monarchie ou république, l'abolition de l'esclavage ne sera complète que lorsque chaque nation pourra diriger elle-même ses propres intérêts, qu'elle aura effectivement le gouvernement du pays par le pays, la vérité dans la représentation nationale, et qu'en dehors des lois supérieures d'intérêt général et humanitaire communes à tout un peuple, chaque département, chaque commune, chaque ville, chaque centre d'habitations comme chaque citoyen, pourra diriger ses intérêts départementaux, municipaux et particuliers dans une indépendance complète, c'est-à-dire sans autres limites que l'intérêt collectif et ce précepte divin des Écritures :

« Ne faites pas à autrui ce que vous ne voudriez pas que l'on vous fît, et accordez-lui, d'autre part, toute la protection que vous voudriez qu'il vous accordât, s'il était à votre place et vous à la sienne. »

Mais, tant que cette indépendance n'existera point, quel que soit l'ordre social ou le régime du gouvernement qu'on aura établi, on sera toujours sous des formes diverses, tyranniques ou tempérées, dans un état de sujétion et d'esclavage de corps et d'esprit, aussi nuisible au développement de l'intelligence et du progrès qu'au bien-être général. Et il n'y aura point de paix effective non plus entre les différentes classes de la société.

La France elle-même, malgré ses quatre révolutions, est bien loin encore d'avoir brisé toutes ses chaînes et secoué toutes ses entraves. Parmi ces dernières, il y en a une, surtout, qui est restée au sein de la nation une cause fondamentale de divisions et de troubles, qu'il importe de faire disparaître au plus tôt, sous peine d'annihiler indéfiniment toutes les grandes aspirations patriotiques du pays : c'est l'entrave opposée à la conciliation des esprits par l'antagonisme que l'oppression administrative suscite artificieusement entre les différentes classes de la société, et principalement entre les villes et les campagnes, pour contrarier l'exercice légal du suffrage universel, et en vicier l'expression, selon la formule de tous les despotismes:

« Diviser pour régner. »

Or, comme l'intelligence est plus développée dans les villes et plus particulièrement dans la capitale, et que, d'autre part, l'ignorance est plus répandue dans la province et surtout dans les campagnes, où la population, dans son ensemble, est aussi plus nombreuse, il arrive cette chose monstrueuse et contre nature: c'est que la nation est comme un homme qui aurait les pieds en haut, la tête en bas; c'est l'ignorance qui gouverne l'intelligence, le corps qui conduit la tête, et, ne pouvant pas la diriger, il l'écrase stupidement sous la lourdeur de sa masse inconsciente, sans même se douter de son crime, de son propre suicide.

Et c'est parce que le suffrage universel est l'expression la plus élevée de la souveraineté nationale, qu'il est devenu aussi l'objet d'une pression plus vexatoire et plus tyrannique, d'une corruption plus grande et plus étendue. C'est surtout à son égard que les autorités administratives de tous les degrés, faisant les ténèbres au lieu de faire la lumière, pour faire agir dans l'ombre la force aveugle contre le droit, exercent leurs plus funestes influences pour en empêcher les manifestations, en altérer le principe, le tromper ou en dénaturer la signification. Voilà pourquoi la France, malgré l'apparence d'une plus grande liberté dans le choix des hommes qu'elle met à la tête de son gouvernement, n'a jamais pu avoir une administration conforme à son esprit ni à ses véritables intérêts. En sorte que, au lieu d'être gouvernée par de vrais citoyens comprenant ses vœux et ses besoins, elle semble plutôt être gouvernée par des étrangers, n'ayant rien de commun avec ses propres aspirations, et dans lesquels elle ne se reconnaît point. Ce qui fait qu'entre ces deux éléments si opposés il y a une lutte perpétuelle, nuisible à l'intérêt général aussi bien qu'aux intérêts particuliers, qui trouble incessamment l'activité sociale et entrave tous les progrès de la civilisation.

Et, en effet, quand on voit, d'un côté, cet esprit acharné de domination et d'asservissement des classes gouvernantes, si cruelles envers ceux qui combattent ou seulement écrivent pour réclamer les droits les plus légitimes de la nation; ne prononçant jamais le mot d'amnistie à la suite des troubles civils, si ce n'est à contre-cœur et malgré elles, même après de longues années de calme et de sécurité; et que, de l'autre, on compare l'héroïsme généreux des citoyens opprimés, pardonnant spontanément à leurs plus implacables adversaires dès qu'ils n'ont plus à lutter pour secouer le joug et défendre leur indépendance, on dirait que, véritablement, après tant de siècles, la France est encore gouvernée comme un pays conquis par les descendants des plus néfastes envahisseurs de la Gaule.

Quoi qu'il en soit, pour remettre les choses dans leur état normal, pour que le suffrage universel, enfin, soit véritablement l'expression de la volonté nationale, et que la France ait réellement sa tête à *elle* et non celle d'un autre, c'est-à-dire une administration gouvernementale qui représente fidèlement les intérêts de tous les citoyens, au lieu de ne représenter que les intérêts de quelques intrigants audacieux, il ne faut pas qu'un pouvoir, quel qu'il soit, puisse jamais interposer sa propre volonté pour aliéner, entraver ou suspendre, même pour un jour, la manifestation régulière et pacifique des vœux et de la volonté des électeurs.

Car, dès l'instant où le suffrage est lié, la Nation n'est plus libre, et elle ne s'appartient plus, mais elle appartient à une volonté qui n'est pas la sienne :

ELLE A UN MAÎTRE ET ELLE EST ESCLAVE.

Il est donc nécessaire d'établir, en principe et en réalité, l'inviolabilité absolue de la souveraineté nationale, en laissant aux citoyens la liberté pleine et entière d'exprimer en tout temps, sous la protection et la sauvegarde des lois, leurs vœux et leurs volontés. C'est seulement à cette condition essentielle que le suffrage universel pourra être considéré comme la base sérieuse de toute administration publique. Il faut, en même temps, l'organiser par département, par commune et par circonscription urbaine, pour en simplifier le mécanisme, en régulariser le fonctionnement et en assurer l'intégrité. De plus, afin que le suffrage des électeurs soit l'expression intelligente et éclairée de la volonté nationale, tout citoyen, ne sachant ni lire ni écrire, doit être exclu des listes électorales. Les citoyens, dans ce cas, seront considérés comme mineurs en matière politique, et incapables, par cette absence des connaissances les plus élémentaires, de participer aux affaires du pays. Mais, en même temps, on leur donnera tous les moyens et toutes les facilités nécessaires pour acquérir, au plus tôt, cette qualité indispensable à l'électorat.

Dès lors le suffrage universel ne sera plus la confusion et le trouble qu'on rencontre généralement dans le mode actuel des élections, où souvent l'électeur ne connaît même pas celui pour qui il donne son vote. Bien plus, quand le candidat est nommé, il se trouve investi d'un droit de souveraineté dont ses électeurs sont non-seulement dessaisis, mais qu'il peut encore exercer à leur propre détriment, sans avoir à leur rendre compte de sa conduite. En sorte que, au lieu d'un maître, la France en a des centaines, souvent plus tyranniques et plus oublieux de ses intérêts que le souverain le plus absolu.

Voilà pourquoi, dans le nouvel ordre électoral et représentatif, les électeurs auront non-seulement la facilité de connaître parfaitement ceux qu'ils voudront élire, mais, de plus, conservant toujours intacte leur souveraineté, ils pourront au besoin, si la gravité l'exige, révoquer l'élection d'un mandataire infidèle avant l'expiration de son mandat. Et cela, de la même manière qu'un souverain de l'ordre actuel change le ministre ou l'ambassadeur qui ne représente pas, selon ses vues, les intérêts de son gouvernement; de même aussi qu'un simple particulier se sépare du gérant qui administre, à l'envers de ses désirs, la maison ou l'industrie dont il lui avait confié la gérance. Sans cela, ce serait mettre le ministre au-dessus de son souverain, le gérant au-dessus de celui qui l'emploie et le paye, le chef d'État au-dessus de la nation qui l'a élu, en un mot, le serviteur au-dessus de son maître, c'est-à-dire le renversement complet de l'ordre le plus naturel et le plus légitime.

Et il est écrit dans l'Évangile :

LE SERVITEUR N'EST PAS PLUS QUE SON MAÎTRE.

Ainsi, dans le nouvel ordre électoral, le mandat impératif et le serment politique deviendront superflus, et les mandants et leurs mandataires ne cesseront point d'être, les uns à l'égard des autres, dans une mutuelle indépendance et une entière liberté d'action.

Dans ces conditions, l'unité nationale et administrative sera complète, et ne pourra plus être troublée ni entravée par aucune autorité despotique extérieure à elle-même ou contraire aux intérêts du pays. Et, les citoyens n'abdiquant jamais leur souveraineté, si les électeurs viennent à se tromper dans leur choix à l'égard des représentants qu'ils auront élus, ou les représentants dans leurs appréciations à l'égard des choses qu'ils auront votées, les uns et les autres pourront toujours réparer leurs erreurs, soit aux élections ou aux sessions ordinaires, soit en se convoquant extraordinairement, si cela est nécessaire.

Et les citoyens n'ayant plus à craindre les entraves illégales d'aucune autorité supérieure, tous les progrès utiles au bien-être social et à la marche naturelle de la civilisation pourront se développer librement, sans secousses, sans troubles et de la manière la plus conforme aux intérêts généraux.

Maintenant, dira-t-on que le pays a besoin de tutelle et ne saurait se gouverner sans être dirigé; qu'il est incapable de choisir, par lui-même, ce qui convient à ses mœurs et à son tempérament; de comprendre ce qui est favorable ou contraire à ses intérêts; de discerner, enfin, ce qui est juste de ce qui est injuste, ce qui est bon de ce qui est mauvais?

Les mœurs et la politique des différents gouvernements qui ont présidé jusqu'à ce jour aux destinées de la France, et surtout le dernier, qui a failli la conduire à une ruine complète, peuvent servir d'exemple à la nouvelle génération et lui démontrer de la manière la plus éclatante de quel côté sont ceux qui perdent la Nation et ceux qui la sauvent, ceux qui l'appauvrissent et ceux qui lui rendent la prospérité, ceux qui la corrompent et ceux qui la régénèrent, ceux qui l'abaissent et ceux qui la relèvent.

Et quand on aura consulté l'histoire depuis les premiers temps jusqu'à maintenant, on sera bien persuadé de cette vérité : que ce sont les chefs imposés qui, de tout temps, ont mené le pays à sa perte, et que ce sont ceux, au contraire, que le pays a élus qui l'ont relevé. Et si ces derniers sont loin encore d'être à la hauteur de leur mission et laissent grandement à désirer, c'est que les électeurs qui les nomment ne sont ni assez libres, ni suffisamment renseignés sur leur compte pour les apprécier; ce qui eut lieu, surtout, en 1871, pour la nomination des membres de l'Assemblée nationale, où les électeurs étaient non-seulement sous la pression administrative et dans l'impossibilité de connaître les candidats présentés à leurs suffrages, mais, ce qui est bien plus grave encore, sous la pression morale et matérielle d'un puissant et impérieux ennemi, occupant, à ce moment même, le territoire français, envahi et dévasté.

Si l'histoire, consultée avec le jugement du plus simple bon sens, si cette longue et dure expérience du passé, confirmé par les exemples les plus récents, ne suffisent pas à ouvrir les yeux des moins clairvoyants ni à convertir les hommes les plus revêches à l'intelligence des choses humaines, c'est que ceux-là ne veulent être ni éclairés, ni convertis, parce que la tyrannie et l'oppression s'exercent envers autrui à leur avantage personnel et qu'ils en profitent sans honte et sans remords. Quant à ceux qui se plaisent dans la condition d'esclave ou de sujet, parce qu'elle favorise leur indolence et la paresse de leur esprit, quelle raison d'intérêt public et quels motifs plausibles pourront-ils invoquer pour imposer cette condition humiliante à ceux qui n'en veulent pas?

Craint-on la vivacité des discussions, auxquelles, d'ailleurs, tout le monde sera bientôt habitué, le bruit de la rue, les perturbations locales? Eh bien! qu'on soit sévère pour les perturbateurs, qui ne sont, le plus souvent, que les instruments dissimulés d'un gouvernement aux abois, mais qu'on ne fasse pas retomber sur les citoyens paisibles la faute de quelques esprits turbulents ou suspects, en s'en servant de prétexte pour supprimer les libertés de tout un peuple.

Organisation parlementaire de la nouvelle Assemblée nationale.

Ayant fait comprendre suffisamment la justice, l'intérêt, la nécessité impérieuse de la Réforme électorale et représentative, sans chercher à perfectionner autrement le mécanisme gouvernemental, nous prendrons pour base d'application la forme du gouvernement telle qu'elle était avant la Constitution du 25 février 1875, composée d'un chef d'État, d'un conseil des ministres et d'une Assemblée nationale. Le chef d'État étant élu et les ministres devant émaner de l'Assemblée, qui est l'organe supérieur de la souveraineté nationale, il suffira d'organiser l'élection et la représentation de cette Assemblée, pour qu'elle puisse devenir véritablement l'expression de la volonté réelle du pays et non celle des partis étrangers à ses intérêts comme à ses aspirations les plus légitimes.

Nous ne parlerons point de Sénat ni de seconde Chambre, parce que, dans un pays libre où l'égalité des citoyens devant la loi est reconnue et acceptée, au moins en principe, un Sénat n'a pas de raison d'être ; car, s'il a la même origine que l'Assemblée, il est inutile et ferait double emploi ; si, au contraire, il a une origine différente, il deviendrait une cause de division et de troubles dans les discussions parlementaires, et, dès lors, ne serait plus qu'une entrave au mouvement régulier des institutions, aussi bien qu'à l'indépendance et à la liberté des représentants du pays.

Or, s'il est vrai que tout gouvernement divisé avec la nation qu'il représente est destiné à périr, à bien plus forte raison un Parlement qui serait divisé en lui-même.

Cette raison est donc plus que suffisante pour motiver l'institution d'une Assemblée unique. Toutefois, un trop grand nombre de représentants dans une même Assemblée devient aussi une confusion, une cause de lenteur et d'entraves à l'expédition prompte et régulière des affaires publiques. Tandis que, d'autre part, il est également plus difficile aux électeurs de suivre et d'apprécier les actes de leurs mandataires, qu'ils ne doivent jamais perdre de vue, s'ils veulent toujours être fidèlement représentés.

Dans l'état actuel des choses, et selon les principes d'une bonne organisation parlementaire, un nombre déterminé de trois cent cinquante représentants, pour toute la France et ses colonies, serait donc plus que suffisant pour composer une véritable Assemblée nationale. Le nombre des membres à élire sera réparti, d'abord, à raison de trois représentants par département, ce qui en donnera deux cent soixante-sept pour les quatre-vingt-neuf départements de la France. Les quatre-vingt-trois restants, pour compléter les trois cent cinquante, seront répartis, proportionnellement à la population, parmi les départements les plus peuplés et les colonies.

Une fois élue selon la nouvelle organisation électorale, l'Assemblée nationale sera permanente; mais elle sera renouvelée par moitié, annuellement, à une époque régulière et déterminée, et les membres sortants, tirés au sort la première année, pourront toujours être réélus.

L'organisation intérieure de l'Assemblée comprendra quatorze divisions de vingt-cinq membres, subdivisés en comités de cinq représentants. Chacun de ces comités comprendra ainsi un président, deux adjoints et deux secrétaires. L'un des cinq comités d'une même division comprendra le bureau présidentiel de cette division, et sera désigné sous le nom de comité central. Les réunions générales se tiendront chez le président de ce comité, qui aura une salle spéciale et cinq bureaux. L'un de ces bureaux, plus grand que les autres, sera particulier au comité central et commun à toute la division ; et les quatre autres, égaux entre eux, seront particuliers aux simples comités. Et chacune des quatorze divisions de l'Assemblée aura la même organisation, sa salle particulière de réunion et ses bureaux, qui seront placés à proximité de la salle générale des séances.

Cette organisation de la nouvelle Assemblée nationale est non-seulement nécessaire à l'étude approfondie de ses décisions, autant qu'à la juste répartition de ses travaux, mais encore à la prompte expédition des affaires soumises à ses délibérations.

Ces divisions parlementaires de vingt-cinq représentants chacune remplaceront ce qu'on appelle actuellement les bureaux de l'Assemblée, avec cette différence qu'au lieu d'être élus entre eux, ou réunis arbitrairement par le sort, les représentants se réuniront par département d'une même région territoriale ; en sorte que, si huit départements limitrophes n'ont chacun que trois représentants, ce qui en donne vingt-quatre, le vingt-cinquième sera emprunté à l'un des départements les plus voisins pour compléter la division.

On pourra modifier ensuite les circonscriptions départementales, pour les mettre en harmonie avec la composition de la nouvelle Assemblée. Car celle-ci conservera toujours le même nombre de représentants et la même organisation intérieure. On pourrait donc, dès le principe, construire un palais ou un hôtel général à sa convenance et approprié à l'usage particulier des représentants de la Nation.

Pour la régularité des travaux législatifs et des rapports intérieurs entre les différentes branches administratives des intérêts publics, on devrait aussi fixer, dès le principe, l'ordre général des sessions et des vacances parlementaires, et déterminer en même temps l'époque ordinaire des élections.

L'ouverture de l'année parlementaire aurait lieu le 25 octobre, et la première session durerait jusqu'au 25 décembre; du 25 décembre au 25 janvier, il y aurait vacances mixtes ou simplement suspension des séances publiques; du 25 janvier au 25 mars, reprise des séances publiques; du 25 mars au 24 avril, deuxième suspension des séances publiques; du 24 avril au 24 juin, deuxième reprise des séances publiques; du 24 juin au 24 septembre, vacacances générales; enfin, du 24 septembre au 25 octobre, élection annuelle des représentants à élire, et en même temps préparation des travaux pour la nouvelle année parlementaire.

Il y aurait ainsi dans l'année six mois de sessions duomestrielles effectives, trois mois intermitents de vacances mixtes ou de travail préparatoire, et trois mois consécutifs de vacances générales.

Cette division du travail législatif serait des plus favorables à la bonne confection des lois, et l'Assemblée avancerait plus en six mois de sessions alternatives que si elle siégeait toute l'année sans interruption. Et, d'ailleurs, les idées et toute conception de l'esprit en général, de même que les fruits de la nature, ont besoin d'être mûries avant d'être cueillies ou mises au jour, pour en nourrir les générations ; sans cela on s'expose à ne récolter que des avortons, c'est-à-dire des projets incomplets qui n'aboutissent à aucun résultat sérieux.

Cette même division du travail collectif de l'esprit et des intelligences pourrait s'appliquer, avec un égal avantage, à toute Assemblée élue pour s'occuper des intérets publics, aux conseils municipaux des communes aussi bien qu'aux plus hautes Assemblées nationales ou internationales ; car le travail est à peu près le même pour chacune d'elles, et si les unes ont à élaborer une œuvre d'ensemble plus étendue, les autres ont plus de détails à combiner pour l'application des progrès et des réformes qu'elles ont à réaliser dans le ressort de leur propre juridiction.

Il pourrait en être de même pour les Académies, les Sociétés savantes et, en général, pour toute assemblée investie d'une mission d'intérêt public. De leur côté, les différentes branches de l'instruction publique, les écoles de tous les degrés devraient avoir aussi une division analogue dans la distribution de leurs études, c'est-à-dire un mois d'études récréatives ou d'exercice corporel, et deux mois d'études sérieuses ou intellectuelles, alternées dans le cours de l'année scolaire. De cette manière, l'esprit des élèves pourrait se développer simultanément avec leur nature physique, et on verrait s'accentuer davantage les aptitudes diverses de chacun d'eux dans le cours varié de leur enseignement. Cette seule réforme, jointe à une bonne direction morale et patriotique, suffirait, avec l'interdiction hygiénique du tabac, pour former des caractères virils, des hommes pleins d'action et doués de cette énergie gauloise, si féconde en nobles élans et en admirable générosité, que la France n'a plus revus à la tête de ses destinées depuis la grande époque de 1789.

Et, à cette réforme, si on ajoutait encore celle du costume, pour le rendre plus commode, plus élégant et plus favorable aux mouvements des élèves ; si on leur faisait perdre l'habitude, beaucoup trop développée sous le dernier gouvernement, de ces expressions grossières et triviales qui dénaturent la bonne éducation et l'ancienne politesse française jusque dans les plus hautes classes de la société ; et que, en même temps, on fît comprendre à ceux qui pourraient se laisser aller à des habitudes vicieuses, combien il est avantageux de ménager les forces génératrices pour augmenter les forces vitales, on produirait alors, véritablement, une génération entièrement nouvelle, des natures fermes, robustes et d'un esprit solide, de beaucoup supérieures à celles des plus fortes générations de l'antiquité, au moins pour les caractères, et on aurait des intelligences d'élite que l'âge et l'expérience ne feraient que consolider au lieu d'affaiblir.

Tandis que, en développant outre mesure le labeur de l'esprit au détriment du corps, et ne préservant pas suffisamment les élèves de l'usage délétère du tabac et des mauvaises habitudes, qui agissent principalement sur les facultés morales et intellectuelles, on déprime, au printemps de la vie, l'organe si tendre et si impressionnable de la pensée. Et cette jeunesse, d'abord si ardente et si généreuse, sur laquelle on fonde à juste titre l'avenir du pays, s'attiédit et s'annihile prématurément, comme une fleur qui se flétrit avant d'être épanouie, ou comme un fruit qui tombe avant sa maturité; et la plupart de ceux qui donnaient au début les plus belles espérances, incapables, de bonne heure, d'aucune grande conception, deviennent, à l'âge d'homme, ce qu'on peut caractériser par ces mots : Conservateurs de l'inertie par impuissance de rien créer.

Et, parce qu'ils ne peuvent plus marcher dans la voie du progrès, ils se figurent que le monde est immobile, et que l'idéal de la société est de se mouvoir sur place sans jamais avancer d'un pas. Tandis qu'il y a tant de réformes indispensables à réaliser et tant de progrès nécessaires à accomplir, non pour détruire d'un coup l'empire du mal et fonder l'empire du bien, mais pour le simple développement normal des choses humaines, que le travail continu de plusieurs générations pourrait à peine y suffire.

Mission des Femmes dans la nouvelle représentation nationale.

Pour maintenir l'harmonie des intérêts sociaux et compléter les éléments de la civilisation dans l'ordre politique, les Femmes, auxquelles on a refusé jusqu'à ce jour toute initiative dans les affaires publiques, y participeront désormais dans une juste mesure. Il n'y aura pas pour elles d'élection spéciale, mais elles participeront à celle de leur mari, d'une manière facultative et sans négliger les soins particuliers de leur propre famille. Toutefois, en leur absence, elles pourront se faire remplacer pour le temps qui leur conviendra, soit temporairement, soit pour toute la durée de la session; et, sous leur propre responsabilité, elles pourront déléguer leur mission à toute remplaçante qui aura leur confiance, et qu'elles jugeront capables de représenter dignement les intérêts de leur sexe.

En vue de l'admission des représentantes au sein du Parlement, la salle des délibération de la nouvelle Assemblée nationale contiendra autant de places réservées qu'il y aura de représentants à élire. Ces places seront indépendantes des tribunes publiques et feront partie intégrante de la salle même des délibérations, où elles formeront comme une ceinture à celles des représentants, qui en occuperont le centre.

Dans cette enceinte, les représentantes ne participeront que par leur présence aux discussions publiques, mais il y aura deux autres salles plus petites, à droite et à gauche de l'enceinte principale, dont l'une sera réservée aux séances non publiques des représentants, et, l'autre, aux réunions spéciales des représentantes. Là, elles pourront recevoir des pétitions et discuter entre elles, non-seulement les intérêts plus particuliers à leur sexe, mais aussi émettre, à titre consultatif, leur avis sur toutes les questions générales.

Cette faculté accordée aux femmes des représentants comblera une grande lacune dans la représentation des intérêts publics et, en fortifiant le principe d'unité, produira une émulation puissante parmi les élus de la nation.

Institution permanente des Comités électoraux.
Révocation éventuelle des mandataires.

Pour faciliter et régulariser les opérations électorales, chaque département et chaque colonie aura, dans son chef-lieu respectif, un Comité électoral composé de vingt-cinq membres, quels que soient l'étendue de son territoire et le nombre de ses habitants ; car, les intérêts étant les mêmes pour tous, un même membre peut aussi bien représenter les intérêts de cent que de mille citoyens. C'est donc plutôt la composition du Comité en lui-même qu'il faut considérer, que le rapport du nombre de ses membres avec celui des habitants de sa circonscription électorale.

Dans chaque commune et dans chaque arrondissement urbain, pour les grandes villes, il y aura un sous-comité de cinq délégués. Ces comités et sous-comités seront comme les éclaireurs politiques de la grande armée électorale, et seront élus, en la forme ordinaire, par les électeurs de leur circonscription respective, spécialement convoqués à cette intention.

La mission principale des comités électoraux sera de rechercher, avec l'assentiment et l'aide des électeurs, les hommes les plus capables de représenter la Nation, d'éclairer leurs concitoyens sur les candidats qu'ils auront à élire, et de les renseigner sur toutes les questions qui peuvent les intéresser, soit au point de vue des intérêts généraux du pays, ou seulement au point de vue des intérêts municipaux de leur commune. Elle consistera, aussi, à mettre en lumière les inventions scientifiques ou industrielles, et en général toutes les œuvres qui leur seront signalées comme ayant un caractère marqué d'utilité publique. Et si, en effet, ces œuvres sont jugées comme telles, les comités en donneront eux-mêmes communication à l'Assemblée nationale, qui en délibérera.

C'est ainsi qu'en sortant de l'ornière vicieuse de l'ancien mode électoral, les lumières de chacun alimenteront les lumières de tous, et la voie du progrès se trouvera bientôt dégagée de tous les obstacles qui ont retardé, jusqu'à ce jour, l'avénement d'un peuple devenu majeur.

Indépendamment des frais de local et de bureau, une indemnité personnelle sera accordée aux membres de ces comités. Une faible contribution mensuelle ou hebdomadaire pour chaque électeur suffira pour couvrir les frais, relativement peu importants, qui en résulteront. Les journaux, de leur côté, ne serait-ce que pour avoir des lecteurs et des abonnés, inséreront gratuitement dans leurs colonnes toutes les communications d'intérêt public que les comités leur adresseront. Cette publicité, suffisante et préférable à celle des affiches, aura cet avantage d'obliger tout électeur à lire au moins un journal pour se mettre au courant des affaires publiques, et il s'habituera ainsi, peu à peu, à prendre intérêt au gouvernement de son pays.

Toutefois, la presse est aussi une puissance, et souvent elle en abuse. Et, bien que les journaux se disent tous dévoués aux intérêts publics, la plupart d'entre eux ne sont dévoués qu'à eux-mêmes et n'ouvrent leurs colonnes qu'à ceux qui les payent ou qui leur sont hautement recommandés, tandis qu'ils les ferment obstinément à ceux qui sont pauvres ou inconnus, lors même que leurs communications seraient de la plus haute importance pour le pays. Ils sont d'autant plus coupables, dans ce cas, qu'ils ont plus d'ascendant et plus d'autorité sur l'esprit public. C'est, d'ailleurs, une vérité incontestable, que le développement du progrès dépend bien plus des journaux que du gouvernement. La preuve est dans ce fait, confirmé par l'histoire et les événements politiques :

Lorsque l'opinion publique se prononce fermement sur une question principale, comme celle de la Réforme électorale en 1848, et en dernier lieu celle de la révocation d'un haut fonctionnaire de l'État, d'une manière ou d'autre, le gouvernement finit toujours par céder.

C'est donc la presse en général, et les organes de la démocratie en particulier, qu'il faut accuser, pour une bonne part, de la prolongation indéfinie d'une situation intolérable pour la grande majorité des citoyens, en négligeant de faire connaître au public les moyens qu'on leur propose pour hâter l'avénement de la justice et assurer l'avenir de la nation. Ils préfèrent s'épuiser en vaines critiques, sans jamais présenter aucun plan d'application, ou, s'ils le font quelquefois, c'est avec des préambules et des longueurs infinis, au milieu desquels les lecteurs, doués de la meilleure volonté, ont de la peine à découvrir les moyens d'exécution et de mise en pratique d'une réforme ou d'un projet trop confusément développé. Et les citoyens ne trouvant rien à saisir pour améliorer leur position ou tenter leur salut, se laissent aller à la dérive jusqu'à ce qu'ils succombent de lassitude et de découragement sous les étreintes d'un nouveau coup d'État.

Il arrive aussi, ce qui est plus malheureux encore, qu'au milieu de certaines circonstances pleines de troubles et de perturbations, les rédacteurs de ces mêmes journaux, si ardents à la critique, induisent souvent les citoyens en erreur par leurs déclamations mensongères ou irritantes; et si, par quelque mouvement confus et désordonné, comme sous la Commune, les citoyens, confiants dans leurs discours, viennent à placer entre leurs mains la défense de leurs intérêts, mis en demeure de montrer leur science administrative, on s'aperçoit alors, mais trop tard, qu'ils ne savent qu'exciter les passions et engendrer la guerre civile, que leur intervention, trop légèrement acceptée, n'a abouti qu'à faire des victimes, et qu'au lieu d'avancer vers le progrès, ils retardent pour de longues années encore l'application des réformes les plus nécessaires au bien-être général.

Il importe donc de mettre les citoyens en garde contre les écarts de leurs propres journaux, en laissant à chacun son indépendance relative et sa propre responsabilité. Et, pour éviter, d'autre part, que les électeurs soient assujettis aux exigences d'une presse égoïste et mercantile, ou seulement indifférente à leurs intérêts, chaque comité publiera un bulletin ou petit journal à cinq centimes, qui sera spécialement destiné aux électeurs de sa circonscription départementale. Ces bulletins auront encore l'avantage de régulariser les communications électorales, en centralisant les éléments de publicité. Ils seront accessibles aux lecteurs les moins exercés et ne donneront pas de feuilletons, afin d'avoir plus de place pour les matières sérieuses et instructives, sans être obligé d'employer des caractères microscopiques. Échangés entre eux, chaque comité aura les nouvelles de tous les autres comités, et ils s'alimenteront ainsi, mutuellement, dans une entente générale, toujour sentretenue entre les électeurs d'un même département, les départements entre eux, et enfin la nation tout entière avec son propre gouvernement. Ce sera la contre-partie du *Journal officiel*, qui devrait être lui-même l'organe central des manifestations du pays, étant l'organe supérieur du gouvernement.

Les comités et sous-comités électoraux seront permanents comme l'Assemblée elle-même, mais ils seront renouvelés ou confirmés à nouveau en totalité, annuellement, un mois au moins avant l'époque fixée pour les élections à l'Assemblée nationale. Une fois élus, ces comités devront être les organes impartiaux de tous leurs concitoyens, indistinctement, et n'avoir en vue que les intérêts du pays, sans s'occuper de la différence d'opinions exprimée par les électeurs ; car c'est du choc des opinions les plus divergentes que jaillira la lumière.

D'ailleurs, en dehors des comités régulièrement constitués, les électeurs de la minorité pourront toujours se réunir et se concerter comme ils l'entendront, et faire prévaloir dans l'opinion publique toutes les idées qu'ils jugeront favorables aux intérêts de la nation.

Mais, dans tous les cas, et à quelque parti qu'on appartienne, le suffrage politique, étant le principe même de l'administration nationale, doit être entouré de la plus vigilante sollicitude pour le préserver de toute altération et le maintenir constamment dans une parfaite intégrité. Sans cela les mœurs seraient bientôt pénétrées des mêmes vices, et leurs effets désastreux se propageraient rapidement dans le corps administratif tout entier, comme cela existe malheureusement sous la plupart des gouvernements de l'ordre actuel, où la société est tellement saturée d'improbité que le mensonge et l'artifice président non-seulement dans le commerce et les échanges entre peuples et entre individus, mais dans presque toutes les relations des hommes entre eux.

C'est pourquoi toute manœuvre électorale entachée d'improbité doit être flétrie de la manière la plus énergique et la plus éclatante. Le même anathème enveloppera le corrupteur et celui qui se laissera corrompre, et l'un et l'autre seront privés de leurs droits politiques pour un temps proportionné à la grandeur de la corruption. Et tout candidat accusé de manœuvres frauduleuses, fût-il élu à une grande majorité, si les faits à sa charge sont prouvés avec évidence, non-seulement son élection sera frappée de nullité, mais il ne pourra plus être réélu. Car les chefs politiques de l'ordre nouveau, et tous les élus qui participeront avec eux à la direction des intérêts publics, doivent être comme le sel de la vie sociale ; et, ainsi qu'il est écrit dans l'Évangile à l'égard des conducteurs des âmes, si le sel vient à s'affadir, avec quoi donnera-t-on du goût aux choses de la terre ?

Les pétitions et les vœux d'intérêt général seront adressés à l'Assemblée nationale par la voie hiérarchique des sous-comités et comités électoraux, qui deviendront ainsi un lien de communication régulière et permanente entre les représentants et leurs électeurs, entre le gouvernement et la nation.

Plus tard, quand le suffrage universel fonctionnera régulièrement et librement sur tous les points du territoire, la mission des comités électoraux sera dévolue aux conseils municipaux et aux conseils généraux, dont l'intérêt, confondu avec celui de leurs propres électeurs, sera d'assurer une représentation nationale entièrement conforme aux vœux du pays.

*
* *

Enfin, pour ne rien omettre d'essentiel et maintenir en entier le droit des citoyens, quand une révocation électorale sera jugée nécessaire, les comités consulteront les électeurs de leur circonscription, par avis spécial, ou, à leur défaut, les électeurs aviseront leur comité, par voie de pétition, d'avoir à les convoquer le plus prochainement possible. Ce qui aura lieu, effectivement, aussitôt que la pétition aura réuni les signatures du tiers, au moins, des électeurs inscrits dans la circonscription.

Dès lors, les électeurs, régulièrement consultés, prononceront eux-mêmes, dans les urnes consacrées à cette opération, le maintien ou la révocation du représentant accusé d'infidélité à son mandat. Et cela, de la même manière que s'il s'agissait d'une élection partielle, avec cette différence que le NON signifiera *maintien*, et le OUI signifiera *révocation*, c'est-à-dire une élection à l'inverse. Rien n'est à la fois plus juste, plus simple et plus facile à pratiquer.

D'ailleurs, avec un mandat politique d'une durée maximum de deux ans, le cas d'une révocation électorale ne se présentera peut-être jamais, ou très rarement. Il suffira même, et cela est très probable, qu'un représentant puisse être révoqué par ses propres électeurs, pour qu'une pareille extrémité, toujours pénible et regrettable, ne se présente pas. Mais, avant tout, il importe au plus haut degré de sauvegarder intégralement et de considérer comme inviolable et sacré le principe fondamental de la souveraineté nationale, en conservant toujours intacts les droits et les prérogatives de tous les citoyens.

Quartier général de la représentation nationale.

Pour faciliter plus encore les rapports des représentants entre eux et avec leur département respectif, il y aurait grand avantage à ce qu'ils fussent réunis dans un même édifice, où ils habiteraient ensemble pendant toute la durée des sessions parlementaires. Cet édifice serait l'habitation officielle des représentants en session, et dans lequel ils seraient installés au même titre que le chef de l'État ou ses ministres, dans leur propre palais.

On aurait ainsi un quartier général de la représentation nationale, un lieu de réunion permanente, où tous les membres de l'Assemblée pourraient échanger leurs idées communes, et, sans rien perdre de leur indépendance réciproque, ils appliqueraient dans leur propre sein la devise fondamentale de l'ordre nouveau qu'ils ont mission de fonder, c'est-à-dire l'*Unité*, la *Liberté*, la *Fraternité*.

Une organisation analogue à celle de l'Assemblée nationale devrait avoir lieu aussi pour les conseils généraux et même pour les conseils municipaux. Et ceux-ci, pouvant se mouvoir librement dans la limite de leurs attributions et des intérêts particuliers à leur département ou à la commune, seraient comme les assemblées primaires de la nation, ce qui aplanirait bien des difficultés, en facilitant leurs travaux mutuels par une entente générale constamment entretenue.

Et, tandis que les communes formuleraient leurs vœux, les départements, de leur côté, élaboreraient toutes les réformes les plus urgentes, pour les transmettre ensuite, sous forme de projets de loi, au Parlement central. Et celui-ci n'aurait plus qu'à mettre la dernière main à un travail déjà préparé, pour le compléter ou le perfectionner et lui donner sa sanction législative.

Et alors le fardeau des affaires publiques, étant réparti justement sur tous les points essentiels du territoire par une sage décentralisation administrative, deviendrait plus léger pour chacun, plus facile à transmettre aux nouveaux arrivants; et alors, aussi, les intérêts de la nation n'étant plus assujettis aux luttes stériles et incessantes des partis, seraient desservis avec moins de lenteur, plus de justice et plus de régularité. Et, sans efforts extraordinaires, on accomplirait en quelques années le travail de plusieurs générations et de plusieurs siècles.

Mais, en attendant un ordre administratif plus complet et plus parfait, la nouvelle organisation électorale et représentative de l'Assemblée nationale suffira, dès le principe, pour tirer la France du chaos et des ténèbres du vieux monde, et la diriger à grandes voiles vers les régions pleines d'harmonie et de lumière du Monde nouveau.

Rien de viable ne peut s'accomplir sans la Réforme électorale et représentative.

Il faut donc, avant toutes choses, établir la Réforme électorale et représentative, sans laquelle rien de viable ne peut s'accomplir. Il faut surtout que la nouvelle Assemblée soit renouvelée par moitié, annuellement, afin qu'elle soit constamment pénétrée de l'esprit général de la nation. Il faut aussi que tout représentant infidèle à son mandat puisse être révoqué par ses propres électeurs, selon la forme d'un règlement spécial appliqué à cet égard, sans qu'il soit nécessaire d'obtenir l'autorisation préalable du gouvernement. Car, en pareille circonstance, le gouvernement ne peut que veiller sur l'observation des règles établies, pour assurer l'intégrité du vote et en accepter le résultat, quel qu'il soit. Sans cela, non-seulement les électeurs ne seraient pas libres, mais ils continueraient d'être à la merci d'intrigants ambitieux, et seraient toujours exposés à être trompés par ceux-là mêmes qui ont sollicité leurs suffrages avec les plus chaleureuses protestations de fidélité.

Le renouvellement annuel et par moitié de l'Assemblée nationale aura pour effet, d'un côté, d'habituer les populations à veiller elles-mêmes sur leurs propres intérêts, sans laisser d'intermittence dans l'expédition régulière des affaires publiques, et, de l'autre, d'empêcher la dégénération de cette même Assemblée par le renouvellement à courte échéance du milieu politique où elle se trouvera placée. Ce renouvellement salutaire entretiendra dans son sein un courant perpétuel de vitalité nationale, qui la maintiendra constamment dans la voie des saines appréciations des interêts du pays, et toujours à la hauteur de l'esprit public. Tandis que, dans l'ordre actuel, la représentation nationale n'étant renouvelée qu'à longue échéance ou à des intervalles irréguliers et troublés, ressemble à ces lacs accidentels qu'en temps d'orage ou de grande pluie, le débordement d'un fleuve a formés dans la plaine. Le fleuve, rentré dans son lit, coule toujours à la mer, mais le lac stagnant, isolé du courant des eaux vives, devient bientôt un marais fangeux et malsain dont la santé publique exige le prompt dessèchement, sous peine de troubles et de perturbations.

La nouvelle Assemblée ne peut siéger hors de Paris sans compromettre l'unité nationale.

Ce qui est vrai pour le renouvellement de l'Assemblée l'est aussi pour le siége de ses délibérations. En effet, si, au lieu de siéger dans la capitale, au centre des intérêts généraux du pays, où est le foyer supérieur de l'intelligence et de la vie nationales, l'Assemblée s'établissait dans une ville excentrique, ce serait comme si on voulait mettre le cerveau d'un homme en dehors de sa tête, son siége naturel. Il est certain que, dans une situation si anormale, l'esprit et l'entendement de cet homme seraient troublés au point de compromettre son existence. Il n'est donc pas nécessaire de démontrer longuement cette vérité, qui saute aux yeux de tout le monde, puisque l'Assemblée nationale se considère elle-même, de son propre aveu, comme le cerveau de la nation.

Or, établir définitivement le siége parlementaire de l'Assemblée en dehors de Paris, capitale naturelle de la France, serait non-seulement faire une chose contre nature et nuisible au développement normal de l'existence nationale, mais encore, pour ne pas dire plus, un mauvais emploi des deniers publics, dans un moment surtout où le peuple est écrasé d'impôts.

Sans doute, quand il y a eu désagrégation dans le corps social, quand il faut remettre en place un membre désarticulé, ou en son lieu un organe déplacé, il faut quelques efforts pour en supporter l'opération. De même, la transformation de l'ordre électoral et représentatif, ayant pour conséquence nécessaire le retour de l'Assemblée à Paris, ne peut s'accomplir sans un peu d'agitation virile et chaleureuse ; mais cette agitation-là n'est pas à craindre, parce qu'au lieu d'engendrer le malaise, la désolation et la ruine, elle produira le bien-être, la joie et la fécondité. La seule chose qui soit véritablement à craindre, c'est l'explosion subite d'un mouvement populaire longtemps comprimé ; tandis que l'agitation qui se meut dans la possession de son indépendance n'est jamais à redouter, parce qu'elle est l'expression naturelle du mouvement national et comme l'épanouissement de la vie sociale au soleil de la liberté.

Mais ce qui est encore bien plus à redouter qu'une explosion violente, ce qui est réellement triste et affligeant pour l'humanité et mille fois plus funeste que les résolutions les plus désordonnées, c'est l'affaissement moral d'un peuple, jadis plein d'espérance, de nobles ambitions et de brillants souvenirs. Car, lorsque cet état se prolonge au-delà de certaines limites, il produit dans son esprit une confusion tellement étrange du bien et du mal, du juste et de l'injuste, que, perdant jusqu'au sentiment de sa mission et de lui-même, il finit par succomber dans l'histoire sous le poids de sa nullité et de son propre silence, comme cela est arrivé déjà aux plus grands peuples de l'antiquité. C'est pourquoi, au lieu de se plaindre d'un mouvement qui est la manifestation naturelle d'une nation pleine de sève et de vigueur, il faut, au contraire, s'en réjouir et s'en féliciter.

Lors donc qu'il s'agira de nommer les nouveaux représentants de la nation, que tous les hommes de cœur combattent avec énergie cette indifférence pernicieuse des populations, et qu'ils ne craignent pas de réveiller avec chaleur tous les sentiments généreux du peuple pour lui faire accomplir, avec intelligence et fermeté, le plus grand acte de son émancipation.

Et, à leur tour, que ceux qui font partie de la grande armée électorale, éclairés par les sentinelles avancées de l'opinion publique, deviennent aussi fermes dans leurs convictions que prudents dans leur choix, et, n'écoutant que les saines appréciations du for intérieur de leur conscience, qu'ils se tiennent à égale distance des indifférents et des excentriques, des immobiles et des turbulents, des timorés et des perturbateurs ; parce que les extrêmes sont aussi contraires à la marche progressive de l'humanité que nuisibles à la stabilité des meilleures institutions.

Qu'ils se méfient surtout des grands parleurs, de ceux qui étouffent les idées justes sous l'avalanche de leurs dissertations, qui s'agitent dans le vide ou ne se meuvent que pour empêcher le mouvement; de ceux, en un mot, qui n'ont que des paroles à dire et ne savent rien mettre à exécution. Et, sachant qu'une simple discussion vaut souvent mieux que les plus beaux discours, qu'ils choisissent de préférence des hommes intègres, actifs et persévérants, réputés pour administrer avec intelligence leurs propres affaires, ceux principalement qui ne se mettent pas en avant, mais qui sont connus pour être fortement pénétrés du sentiment de la vérité et de la justice à l'égard de tous les citoyens.

Ce sont ceux-là, précisément, que les comités électoraux devront rechercher pour les mettre en évidence, les faire apprécier et les recommander aux suffrages de leurs concitoyens. Et alors on aura une représentation nationale intelligente et dévouée, qui sera l'expression véritable du pays dans sa plus haute manifestation.

Et on pourra ainsi réaliser pacifiquement, sans haine et sans violence, entre citoyens d'opinions différentes, une révolution pleine d'enthousiasme et d'élans généreux vers le bien, c'est-à-dire la plus grande et la plus féconde des révolutions qu'un peuple ait jamais vu s'accomplir dans son propre sein.

Et alors, la noble et vigoureuse race qui a fécondé de son sang et de ses sueurs ce beau pays de France, détournée de sa voie providentielle par une représentation politique pleine de méfiance, d'hypocrisie et de mensonge, redeviendra bientôt ce qu'elle a été dès son origine gauloise, la plus intelligente, la plus chevaleresque et la plus belle race du globe, prête à poursuivre et à réaliser la grande mission évangélique et civilisatrice qui lui a été dévolue dans le monde, à l'égard des peuples et de l'humanité.

Proclamation de la Réforme électorale et représentative.

Et, maintenant, qu'on en soit bien persuadé, cette Réforme électorale et représentative est indispensable au salut du pays et à sa prompte régénération. Il faut que, dès cette heure même, tous les hommes de cœur se mettent à l'œuvre, qu'ils fassent un abandon généreux de leurs préférences personnelles ou politiques, que tous les partis dissidents proclament entre eux une amnistie générale et ne voient plus d'autre parti que celui de la France, afin que désormais tout ferment de haine et de discorde soit banni du sein des familles, et que rien ne vienne troubler la joie d'un peuple ressuscité à la vie glorieuse et prospère des nations régénérées.

Alors, ce sera véritablement un jour de grande réconciliation parmi le peuple, un jour d'embrassement général dans toutes les classes de la société; ce sera enfin l'aurore du grand *Jubilé universel de la Révolution française*, c'est-à-dire un grand acte de réparation, de fraternité et de patriotisme, qui marquera la limite entre la fin de l'ordre ancien et le commencement de l'ordre nouveau.

Voilà quelles sont les résolutions viriles qu'il importe à la France de prendre au plus tôt, et que tous ceux qui sont véritablement animés de l'esprit de justice, désirant surtout la prompte régénération du pays, doivent réclamer énergiquement, sans se rebuter des obstacles, sous peine de voir, dans un avenir peu éloigné, la Patrie s'effondrer dans l'abîme où demeurent ensevelies les nations qui ne sont plus.

Dans l'état actuel des choses, il est vrai, l'Assemblée de Versailles, élue en des jours néfastes, sous la pression de terribles et douloureux événements, ne pouvait revenir sur ce qu'elle avait déjà fait, pour proclamer et moins encore mettre à exécution la nouvelle organisation représentative. Elle n'avait, d'ailleurs, ni assez de volonté, ni assez de clairvoyance, ni assez de dévouement à la chose publique et, il faut ajouter avec tristesse, ni assez de patriotisme, pour en prendre elle-même l'initiative. Et l'Assemblée qui doit lui succéder, selon la Constitution de 25 février, entourée d'un Sénat et de toutes sortes d'entraves à la liberté de ses mouvements, ne pourra s'élever d'elle-même à la hauteur des intérêts, des idées et des sentiments de la nouvelle génération, pour accomplir cette grande réforme politique, sans une impulsion féconde et irrésistible venue du pays.

C'est donc à la presse, organe de l'opinion publique, celle qui recueille avec générosité dans ses colonnes toutes les voix qui s'élèvent du sein de la nation pour exprimer les souffrances et les besoins du peuple, celle, en un mot, qui fait passer les intérêts publics avant les intérêts de son parti, à faire prévaloir devant le pays et dans l'esprit des électeurs la plus importante et la plus nécessaire des réformes que la France majeure réclame. Et les citoyens, instruits sur leurs droits et sur leurs devoirs, adoptant LA RÉFORME ÉLECTORALE ET REPRÉSENTATIVE comme leur programme universel, feront connaître eux-mêmes leur âge de majorité par une pétition générale, signée dans tous les départements et envoyée aussitôt à l'Assemblée qui représente le plus directement leurs intérêts. Et alors cette Assemblée, pleinement autorisée, étant suffisamment éclairée sur les désirs et les volontés de la Nation, ne pourra différer davantage de les exécuter. C'est en cela, d'ailleurs, que, faisant oublier un passé néfaste et douloureux, l'Assemblée du suffrage universel, elle-même, satisfaite d'avoir rempli, au cours de son existence, les vœux les plus légitimes du pays, trouvera un jour son plus grand sujet de consolation et son premier titre de gloire.

Cependant, ce qu'on ne devrait jamais supposer dans un pays libre, même n'ayant encore que les premiers éléments de la liberté, si l'Assemblée, contrairement à l'ordre naturel des choses, mettait obstacle à la manifestation régulière et pacifique de la volonté nationale, ou la considérait comme non avenue, ce serait très regrettable pour elle; car une telle résistance de sa part, en pareille circonstance, étant aussi injuste qu'insensée, le dénouement ne serait point douteux.

Dans ce cas, les citoyens n'auraient qu'une chose à faire : réclamer constamment, par toutes les voix de la presse et de l'opinion publique, la Réforme représentative, qui est le gouvernement de la nation par elle-même. Et leur persévérance en une même chose ne tarderait pas à être couronnée d'un plein succès, parce que la voix simultanée de tout un peuple ne peut être longtemps méconnue sans péril, et qu'en définitive c'est toujours à la nation qui sait vouloir qu'appartient la dernière victoire.

CONCLUSION.

Comme on le voit, rien n'est plus simple et plus facile à exécuter, et il n'est pas nécessaire pour cela de tout renverser de fond en comble, ni de mettre en avant aucune question sociale ou religieuse, dont le moindre inconvénient serait d'entraver le progrès général et de mettre obstacle aux vœux des populations, qui demandent, avant tout :

LE GOUVERNEMENT DU PAYS PAR LE PAYS,
LA DÉCENTRALISATION ADMINISTRATIVE
ET LA VÉRITÉ DANS LA REPRÉSENTATION NATIONALE.

Et tous les peuples qui voudront progresser dans la voie de la civilisation et de la liberté, qu'ils soient en monarchie ou en république, s'ils ne veulent pas lutter indéfiniment contre des obstacles insurmontables, mais, au contraire, voir leurs efforts promptement couronnés par le succès, devront aussi instituer d'abord, au sein de leur propre gouvernement, la nouvelle forme représentative des intérêts publics, parce qu'elle est le fondement essentiel de la régénération sociale et universelle, hors de laquelle il n'y a point de salut; car, lorsque ce premier fondement de la politique nouvelle sera établi, tous les progrès qui serviront à compléter l'Édifice social viendront comme d'eux-mêmes, naturellement, à la suite les uns des autres, jusqu'à ce que l'œuvre tout entière soit arrivée à son couronnement.

Que les peuples désireux de s'élever en dignité, en force et en bien-être, réunissent donc, dans ce but, toutes leurs volontés en une seule volonté; qu'ils n'aillent ni à droite, ni à gauche, mais directement vers l'unique objet de leurs aspirations, et, subordonnant toutes les questions qui les divisent à cette question fondamentale, ils cimenteront leur union et leur liberté sur un roc inébranlable, que nulle puissance humaine ne pourra plus détruire désormais.

Lors donc qu'un candidat se présentera aux suffrages des électeurs d'un pays, résolu à gouverner lui-même ses propres intérêts, les électeurs n'auront qu'à lui demander s'il est pour ou contre la *nouvelle forme représentative*, sans y mêler aucune autre question politique ou religieuse, car toutes les autres, sans exception, doivent lui être subordonnées. La réponse du candidat, sans phrases ambiguës, mais nette et précise et simplement par OUI ou par NON, indiquera aux électeurs s'il se présente à eux en ami ou en ennemi de leur indépendance et de leur liberté. Dès lors, ils sauront à quoi s'en tenir sur son compte, et leur bonne foi ne sera pas surprise.

C'est ainsi que l'opinion publique pourra se manifester clairement, qu'on pourra en apprécier l'expression dans toute sa force et toute sa vérité, et qu'on détruira dans leur principe même les troubles et les perturbations, qui, de temps à autre, viennent tout à coup ébranler les États jusqu'en leurs fondements.

Enfin, quand la nouvelle organisation électorale et représentative sera comprise par le peuple français, ce peuple, aux élans généreux, y puisera une force et une puissance qu'il n'a jamais connues. Elle sera pour lui la plus solide des cuirasses pour se protéger dans ses intérêts et dans sa liberté, et les institutions qu'il en tirera seront comme une forteresse puissante qui défiera les armées et les flottes les plus formidables de ses ennemis.

Et quand cette nouvelle organisation politique sera comprise aussi des autres peuples, animés d'une foi ardente dans leurs nouvelles destinées, ils verront clairement dans le suffrage universel et l'inviolabilité de la souveraineté nationale, leur véritable, leur seul et unique instrument de salut. Et, s'en armant avec courage et fermeté, dans une action des plus légitimes, ils pourront alors affronter sans crainte les obstacles les plus invincibles de l'oppression et de la tyrannie, déjouer tous les complots ourdis contre leur liberté, et briser, enfin, toutes les chaînes de la sujétion et de l'esclavage, pour vivre en paix dans l'indépendance, le contentement et la prospérité.

CONSTITUTION

DU NOUVEL ORDRE POLITIQUE.

La Constitution ou loi fondamentale du nouvel ordre politique peut se résumer, comme suit, en trois mots et trois articles :

UNITÉ, LIBERTÉ, FRATERNITÉ.

ARTICLE PREMIER.

La Souveraineté nationale est inviolable.

ART. 2.

L'exercice de la Souveraineté nationale réside dans le suffrage universel de tous les citoyens majeurs.

ART. 3.

La majorité légale des citoyens est fixée à l'âge de vingt-un ans révolus, mais ils ne sont éligibles qu'après vingt-cinq ans accomplis.

Comme cela est juste, cette Constitution n'exclut pas les femmes de leur part légitime dans la gestion des intérêts publics, et elle suffit à conserver intégralement le principe fondamental de la Souveraineté nationale. Ce qu'on ajouterait de plus aux trois mots et aux trois articles qu'elle contient, serait de trop et nuirait, sinon à l'indépendance du corps électoral d'aujourd'hui, au moins à celle du corps électoral de demain ; car, ce dernier n'étant pas encore majeur au moment de la promulgation, se trouverait d'avance lié par un contrat auquel il n'aurait point participé et qu'il serait obligé de subir, lors même qu'il serait contraire à ses intérêts.

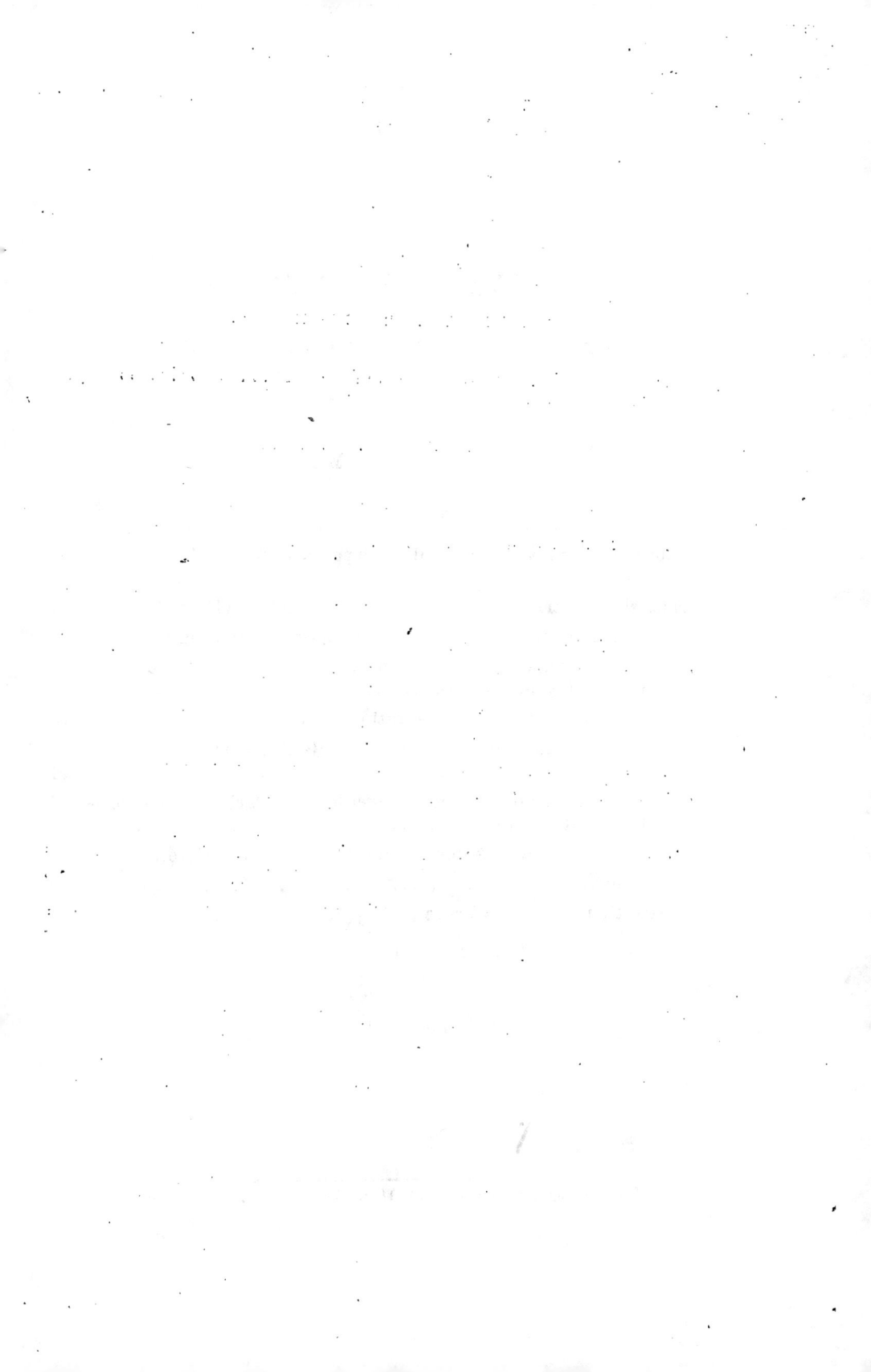

NOUVELLE ORGANISATION

ÉLECTORALE ET REPRÉSENTATIVE

TABLE SOMMAIRE

Paris. — Imp. Nouv. (assoc. ouv.), 14, rue des Jeûneurs. — G. Masquin et Cie

www.ingramcontent.com/pod-product-compliance
Lightning Source LLC
Chambersburg PA
CBHW060810280326
41934CB00010B/2632
9782013522960